L'ÉVANGILE DE THOMAS

Traduit par
JEAN-YVES LELOUP

Calligraphies de
FRANK LALOU

ALBIN MICHEL

L'Évangile de Thomas, découvert en 1945 aux environs de Nag Hammadi, en Haute-Égypte, est une collection de cent quatorze *logia* ou " paroles nues " attribuées au Maître, le Doux, le Vivant. Ces paroles auraient été recueillies par Didyme Jude Thomas, son jumeau ¿ son alter ego ¿ (*didymos* signifie jumeau en grec). Paroles qui ne sont pas bavardes, mais qui sont autant d'énigmes à la façon des kôans zen, ces petites phrases qui – selon les apparences – manquent de sens mais qui, si on les laisse pénétrer comme des grains de sable dans les rouages de notre mental ordinaire, peuvent provoquer un arrêt... un silence... une transformation de la conscience.

Cet Évangile fut diversement reçu par la critique. Pour certains, il est un apocryphe parmi d'autres, et présente de l'intérêt sur le plan de l'étude de la gnose.

Pour d'autres, il est un amalgame de paroles de Jésus tirées tantôt des Évangiles canoniques, tantôt de traditions hétérodoxes qui les attribueraient à Jésus. Pour d'autres enfin, il est la source même à laquelle ont puisé les évangélistes, le "proto-évangile" dont tout le monde a rêvé et qui nous transmettrait les seules "paroles authentiques" de Jésus.

Mais qu'on le veuille ou non, Jésus n'a pas écrit. Il n'y aura donc jamais de "paroles authentiques" de Jésus. Toute parole qui nous est transmise est une "parole entendue", c'est-à-dire qu'elle garde l'empreinte de celui qui écoute, que cette empreinte soit grossière ou subtile. Marc, Matthieu, Luc, Jean, Thomas, et il y en a bien d'autres, sont autant de façons d'écouter l'Unique Parole, de la comprendre, de la traduire dans sa langue, sa culture, d'après son intimité avec Celui qui parle, d'après l'ouverture et l'évolution de son champ de conscience. Aucune de ces façons d'écouter ne peut prétendre "contenir la parole", car "c'est la vérité, mais non pas toute".

L'oreille de Thomas est certes moins sensible aux hébraïsmes que celle de Matthieu, moins attentive aux récits des miracles que celle de Marc, moins soucieuse d'entendre la Miséricorde de Dieu annoncée "même aux païens" que celle de Luc. Elle s'intéresse davantage à l'enseignement que transmet Jésus, chacune des informations reçues de Lui étant considérée comme un germe de l'homme nouveau, genèse de l'homme de connaissance. C'est ainsi que Thomas ou les auteurs qui se mettent sous la protection de l'apôtre "infiniment sceptique et infiniment croyant" feront de Jésus un des leurs, c'est-à-dire un "gnostique".

Jésus, à la manière des maîtres orientaux, par des formules paradoxales, nous invite à prendre conscience de notre origine incréée, de notre liberté sans limites au cœur même des contingences les plus contraignantes. Il s'agit de s'éveiller à la Réalité absolue au cœur même des réalités relatives ou décevantes. D'une conscience limitée à une conscience illimitée, il s'agit de passer sans cesse. "Soyez passants", nous dit l'Évangile de Thomas. Il existe une connaissance relative, celle qu'on acquiert par les livres, les rencontres, la pensée des autres. Il existe aussi une connaissance par le "soi-même", par "le Vivant qui est en vous". C'est à cette connaissance, à cette *gnôsis*, que semble nous inviter Jésus pour que nous devenions comme Lui, non pas des "bons chrétiens", mais d'autres christs, ou encore des gnostiques, des éveillés.

Les vingt-quatre *logia* de ce "Carnet du calligraphe" sont extraits de l'ouvrage *L'Évangile de Thomas*, publié aux Éditions Albin Michel. Pour cette traduction, je me suis référé au texte copte établi par Y. Haas, à la rétroversion grecque de R. Kasser, ainsi qu'aux papyrus d'Oxyrhynque.

Jean-Yves Leloup

Voici les paroles du Secret.
Jésus, le Vivant, les a révélées,
Didyme Jude Thomas les a transcrites.

Logion 1.

Il disait :
Celui qui trouvera
l'interprétation de ces paroles
ne goûtera plus la mort.

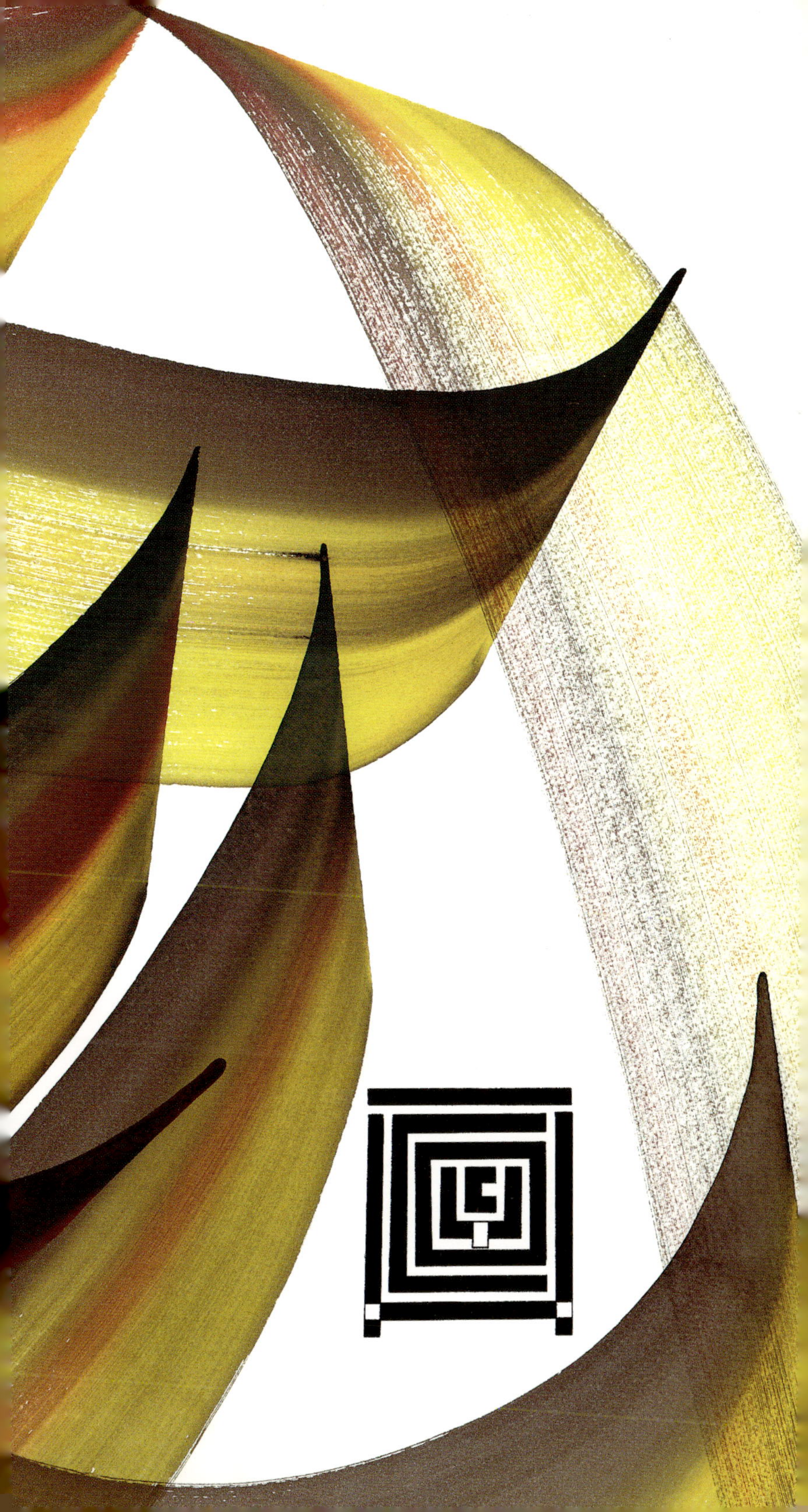

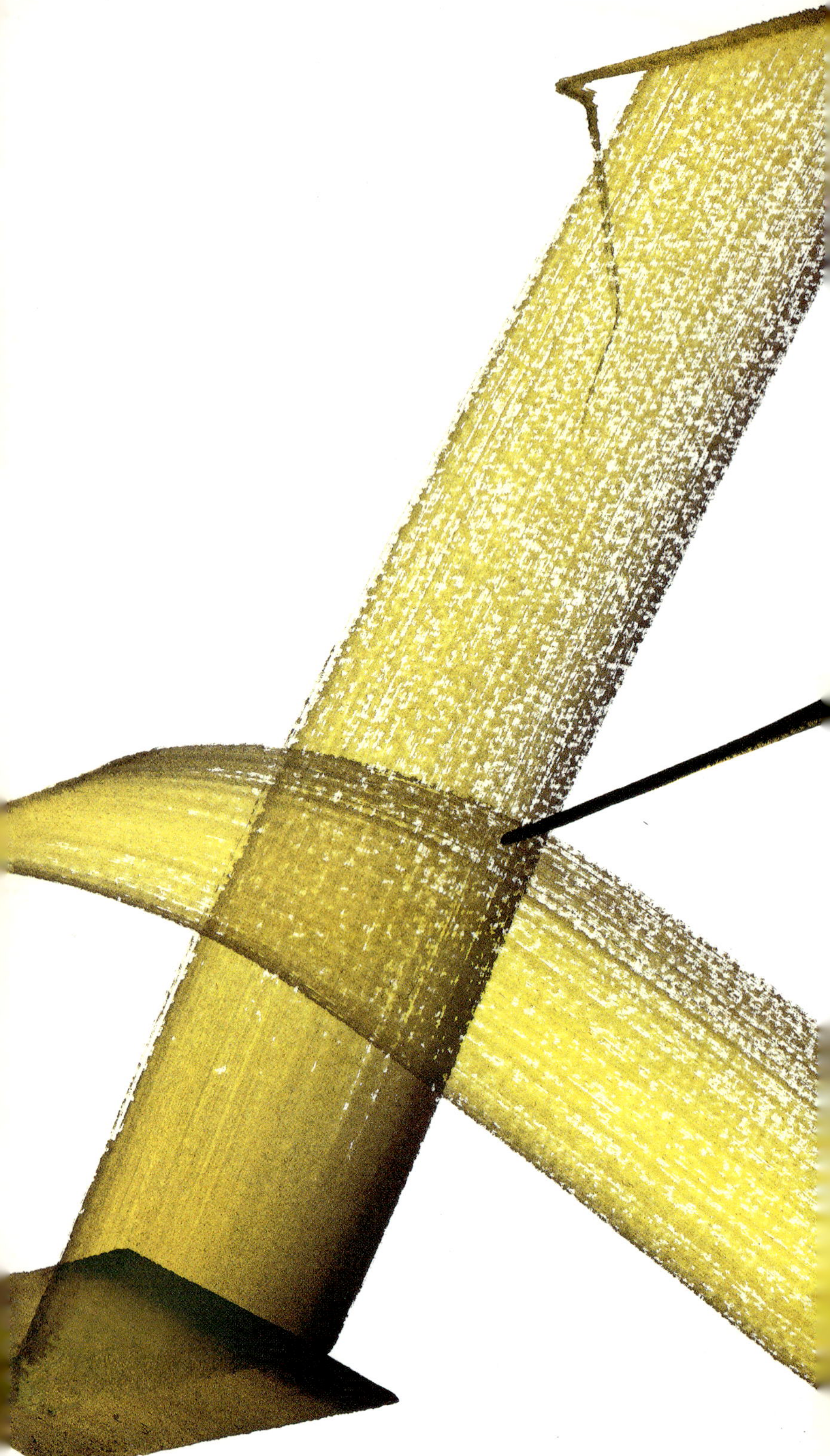

Logion 2.

Jésus disait :
Que celui qui cherche
soit toujours en quête
jusqu'à ce qu'il trouve,
et quand il aura trouvé
il sera dans le trouble,
ayant été troublé,
il s'émerveillera,
il régnera sur le Tout.

ART

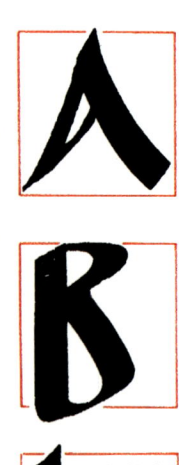

Logion 3.

Jésus disait :
Si ceux qui vous guident affirment :
voici, le Royaume est dans le Ciel,
alors les oiseaux en sont plus près que vous ;
s'ils vous disent :
voici, il est dans la mer,
alors les poissons le connaissent déjà...
Le Royaume : il est à l'intérieur de vous,
et il est à l'extérieur de vous.
Quand vous vous connaîtrez vous-même,
alors vous serez connus et vous connaîtrez
que vous êtes les fils du Père, le Vivant ;
mais si vous ne vous connaissez pas vous-même,
vous êtes dans le vain,
et vous êtes vanité.

Logion 4.

Jésus disait :
Le vieillard n'hésitera pas
à interroger l'enfant
de sept jours à propos
du Lieu de la Vie, et il vivra.
Beaucoup de premiers
se feront derniers
et ils seront Un.

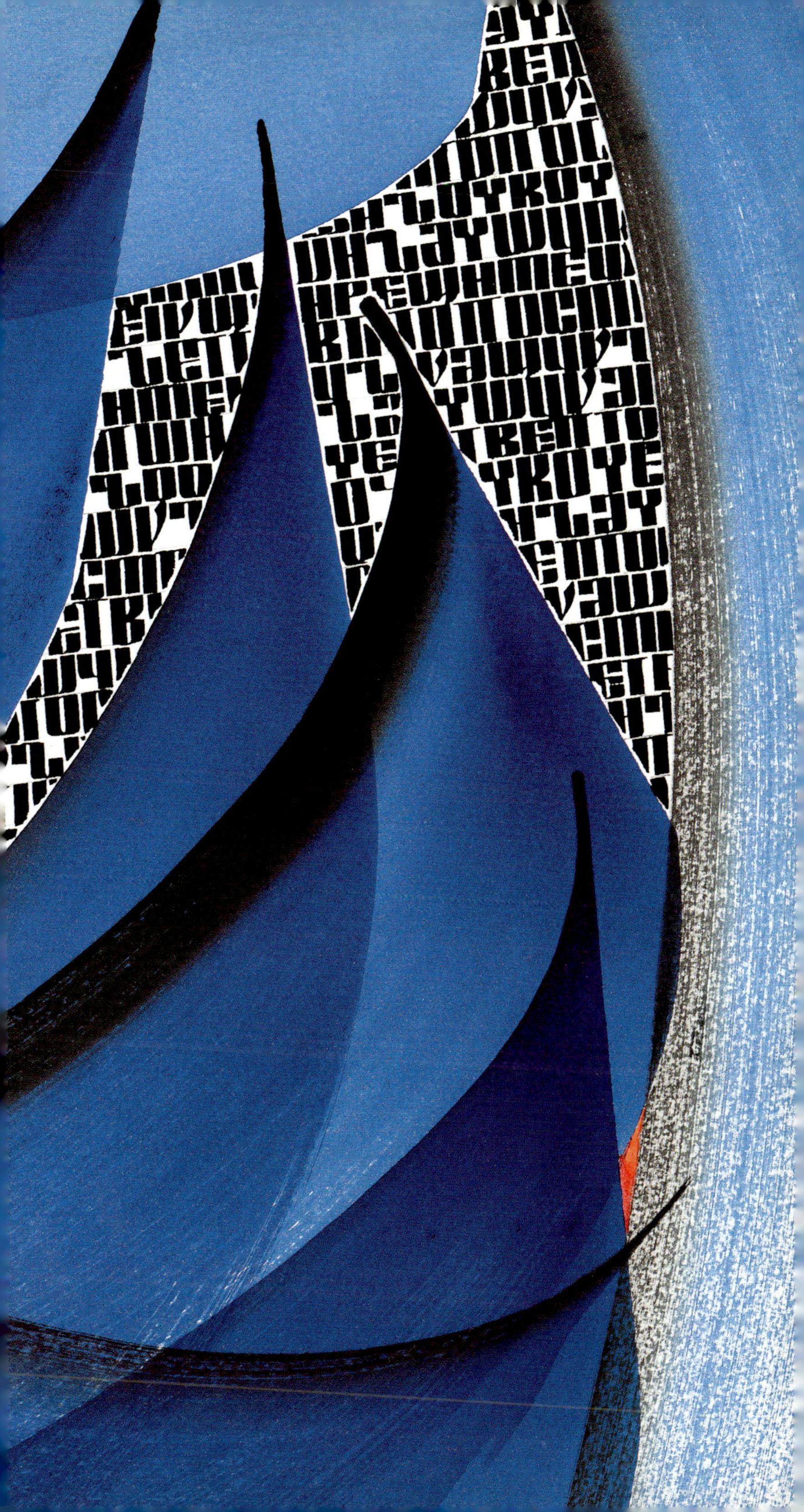

Logion 5.

Jésus disait :
Reconnais ce qui est
devant ton visage
et ce qui t'est caché
te sera dévoilé.
Il n'y a rien de caché
qui ne sera manifesté.

пехе їс
соушпие гпийтопиекгое
вохлушпеэпперокупабша
певолпактпллугареусит
еунлоушиеволап

cooy

ΑΕΖΗΘΙΚ

Logion 6.

Ses disciples l'interrogeaient ainsi :
Faut-il jeûner ? Comment prier ?
Comment faire l'aumône ?
Que faut-il observer en matière
de nourriture ?
Jésus disait :
Arrêtez le mensonge,
ce que vous n'aimez pas, ne le faites pas ;
vous êtes nus devant le Ciel,
ce que vous cachez, ce qui est voilé,
tout sera découvert.

Logion 17.

Jésus disait :
Je vous donnerai
ce que l'œil n'a pas vu,
ce que l'oreille n'a pas entendu,
ce que la main n'a pas touché,
ce qui n'est pas monté
au cœur de l'homme.

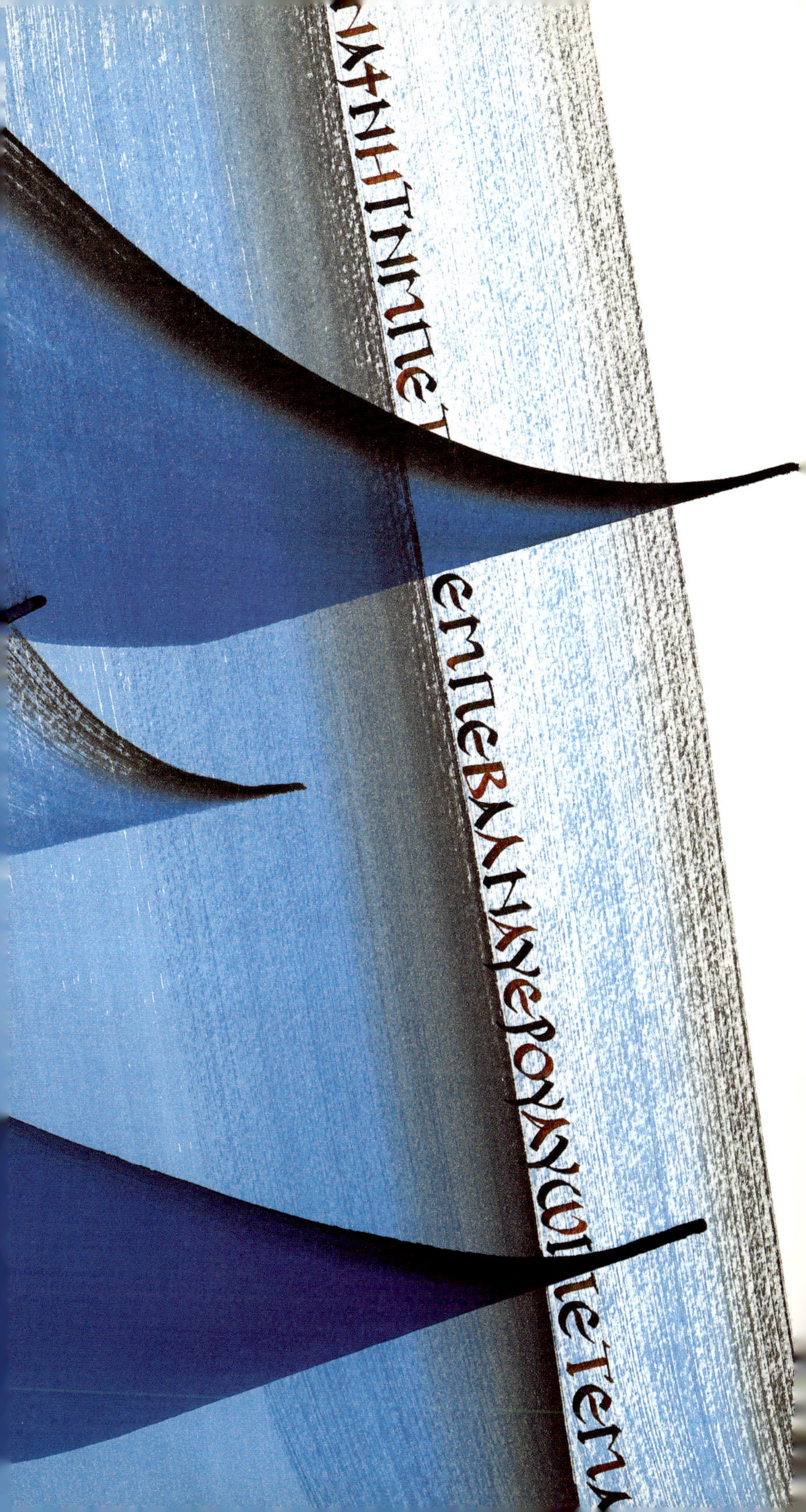

Logion 18.

Les disciples demandaient à Jésus :
Dis-nous quelle sera notre fin.
Jésus répondit :
Que savez-vous du commencement
pour que vous cherchiez ainsi la fin ?
Là où est le commencement,
là aussi sera la fin.

Heureux celui qui se tiendra
dans le commencement ;
il connaîtra la fin
et il ne goûtera pas la mort.

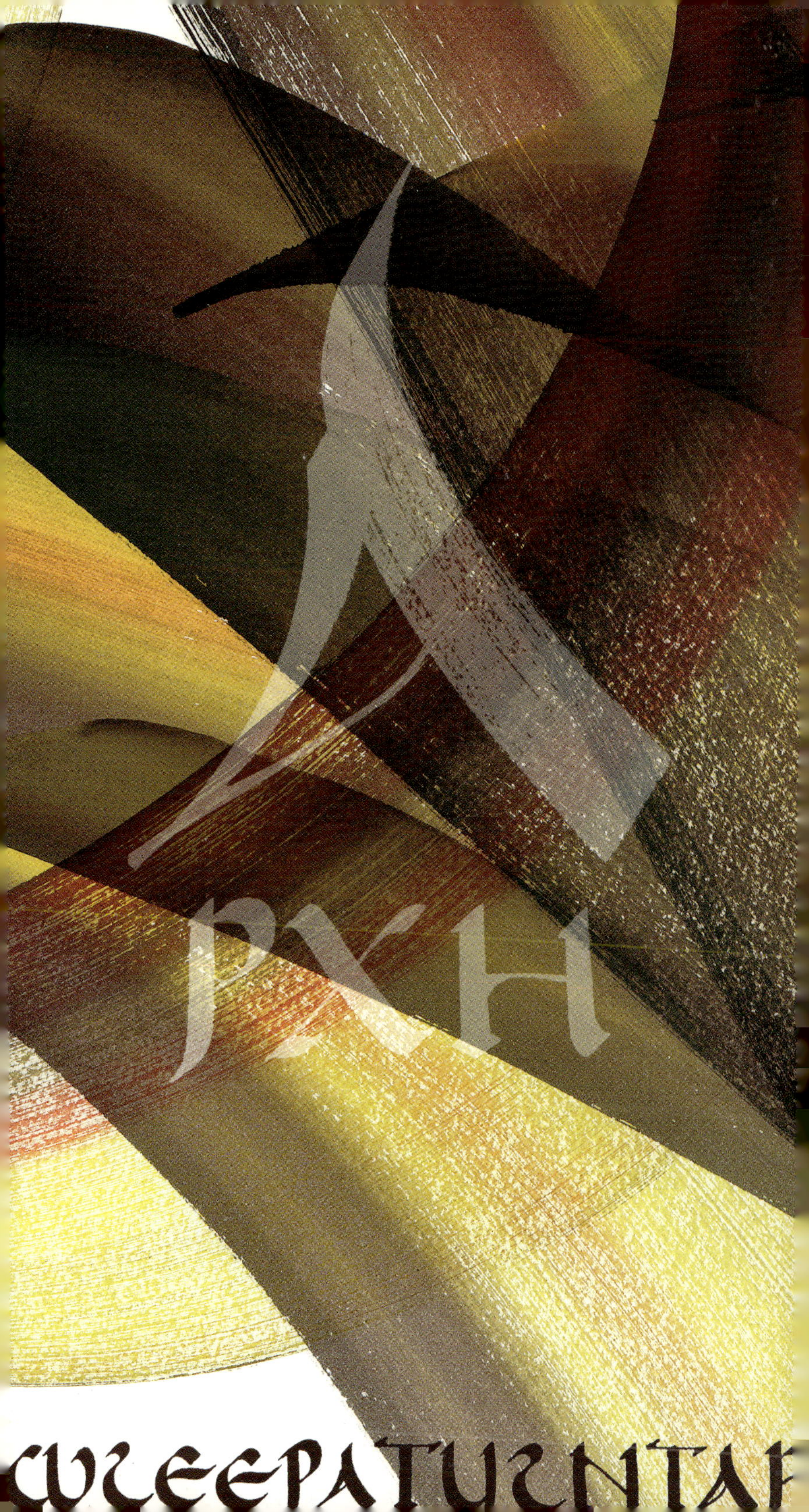

人
M
N

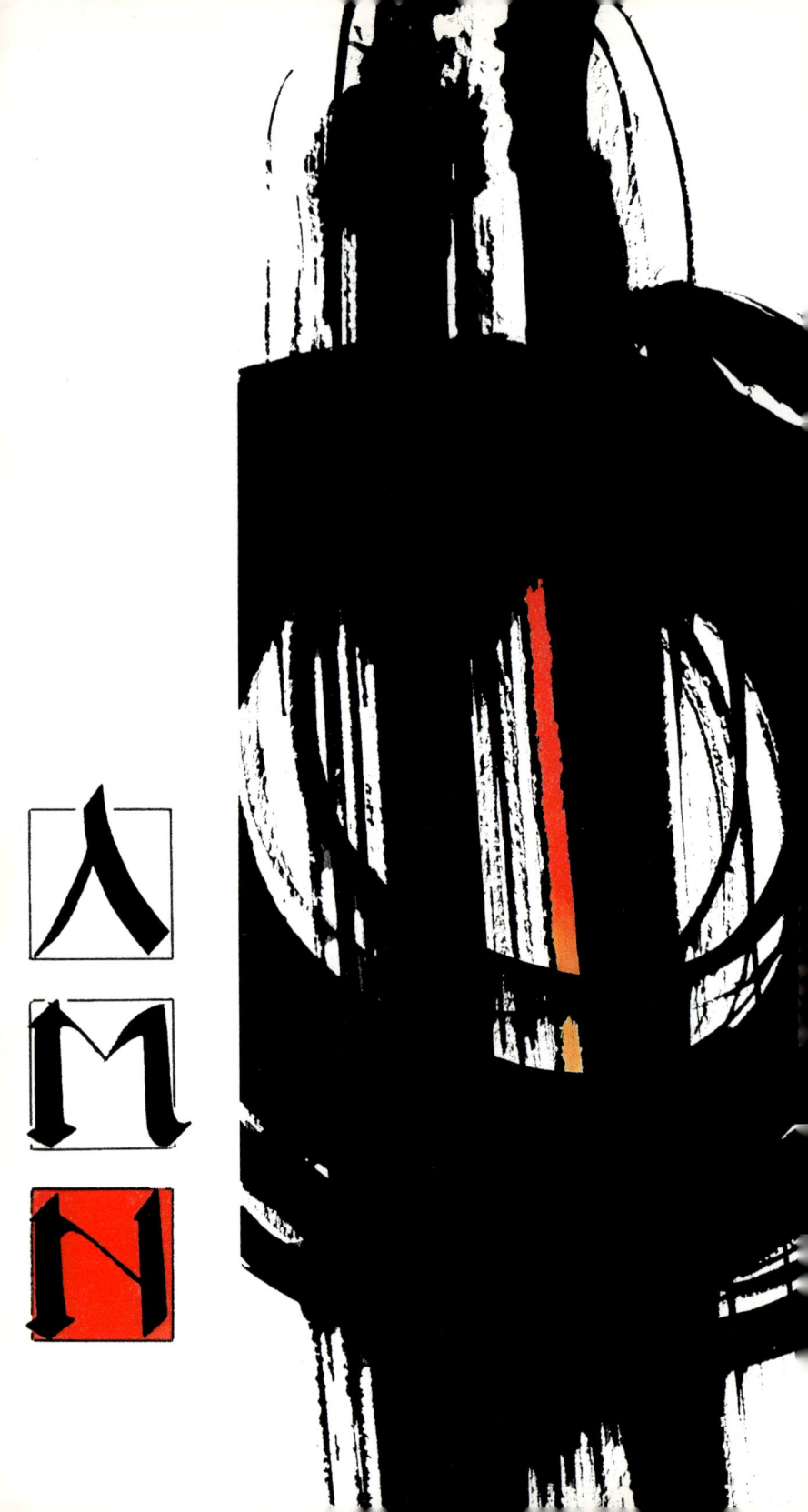

Logion 20.

Les disciples demandaient à Jésus :
Dis-nous à quoi ressemble
le Royaume des Cieux.
Il leur dit :
Il est semblable à une graine de moutarde,
la plus petite de toutes les graines ;
lorsqu'elle tombe dans une terre labourée,
elle devient un grand arbre
où s'abritent les oiseaux du Ciel.

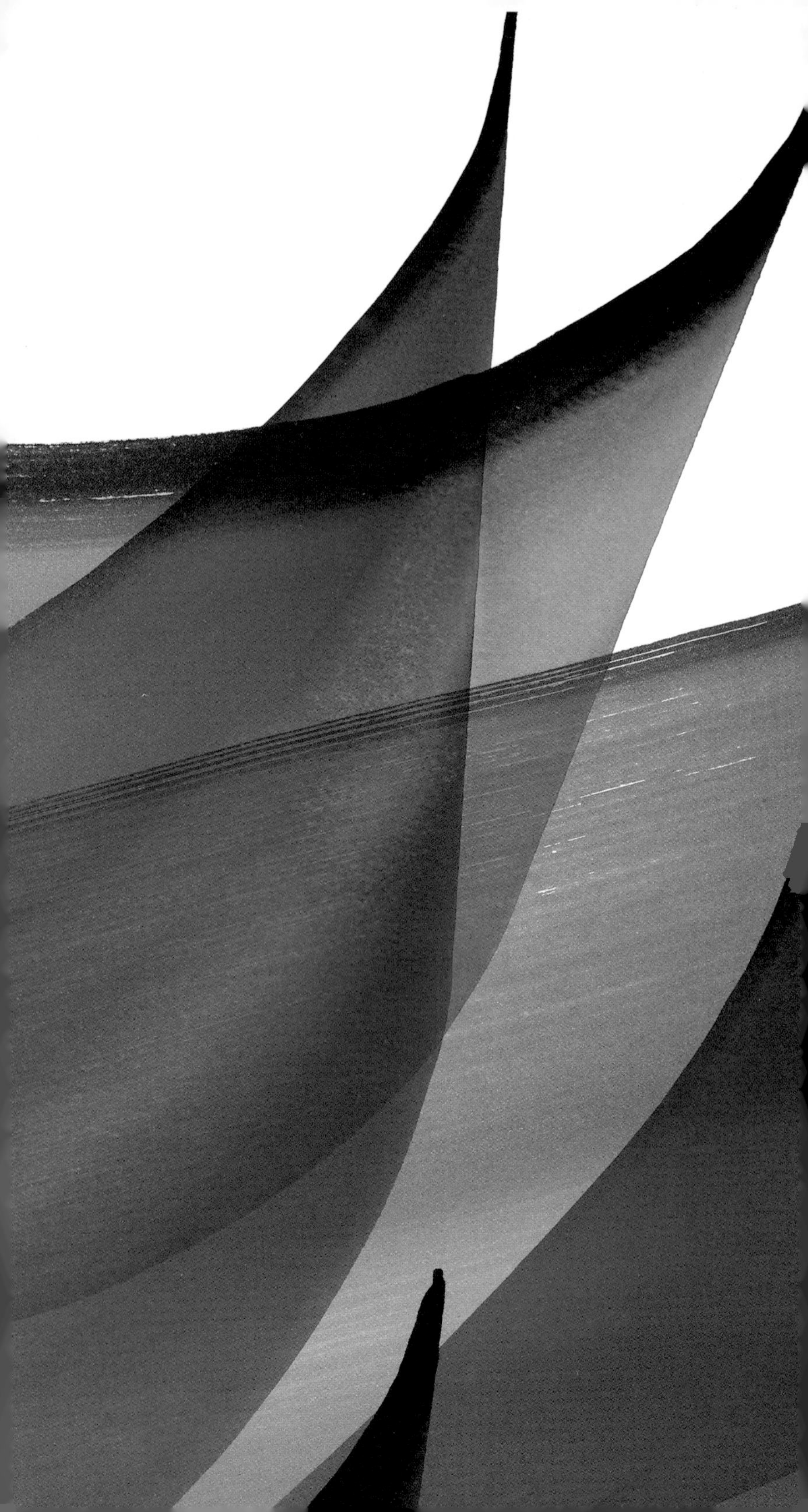

Logion 25.

Jésus disait :
Aime ton frère
comme ton âme,
veille sur lui
comme sur la prunelle
de ton œil !

TOTEKNANAYEBOA

Logion 26.

Jésus disait :
La paille qui est
dans l'œil de ton frère,
tu la vois.
Mais la poutre
qui est dans ton œil,
tu ne la vois pas.
Lorsque tu ôteras
la poutre de ton œil,
alors tu verras clair
pour ôter la paille
qui est dans l'œil
de ton frère.

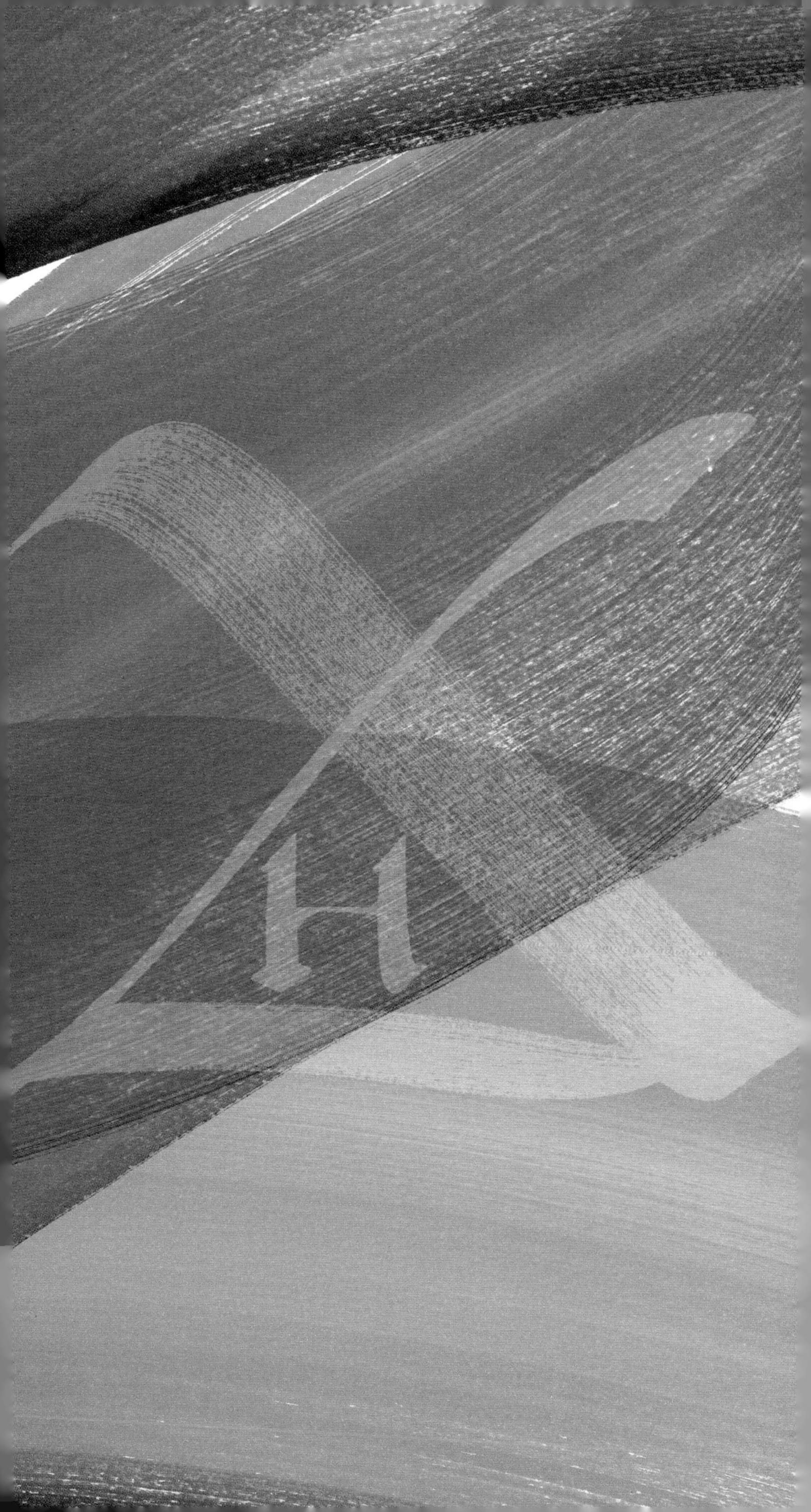
H

З О П Р С Т У Ф

Х Ч Ш Щ Ъ Ы Ь Э Ю Я

Logion 33.

Jésus disait :
Ce que tu entends d'une oreille,
dis-le à une autre oreille,
proclame-le sur les toits.
Personne n'allume une lampe
pour la mettre sous le boisseau
ou dans un endroit caché,
mais on la met sur le lampadaire
afin que, du dedans et du dehors,
on voie sa lumière.

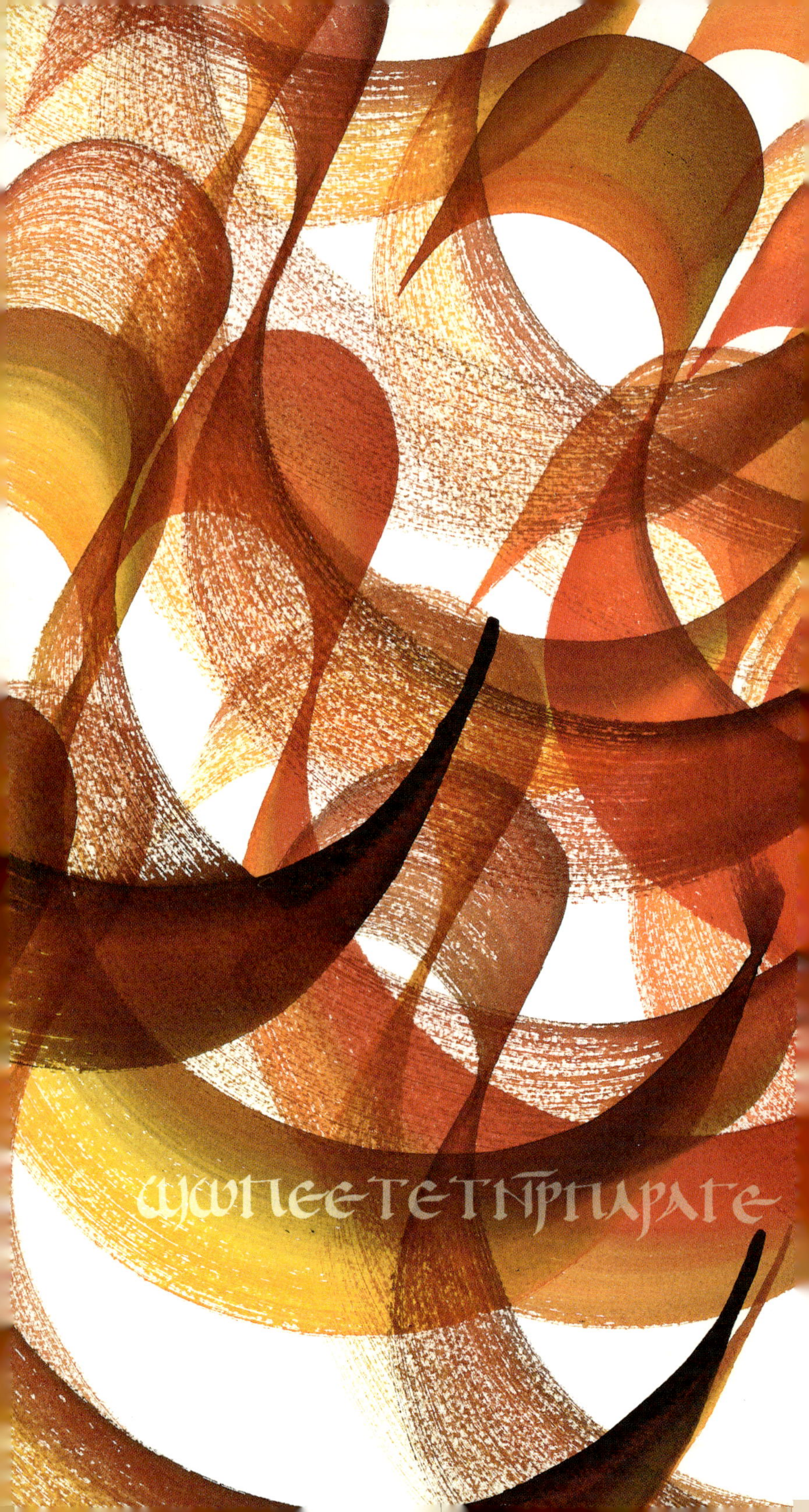

Logion 42.

Jésus disait :
Soyez passants.

Logion 45.

Jésus disait :
On ne récolte pas
des raisins sur des épines.
On ne cueille pas des figues
sur des chardons,
ils ne donnent pas de fruits.
L'homme bon,
du secret de son cœur,
il produit de la bonté.
L'homme pervers,
du secret de son cœur,
il produit de la perversité.
Ce qui s'exprime,
c'est ce qui déborde du cœur.

Logion 48.

Jésus disait :
Si deux font la paix entre eux
dans une même maison,
ils diront à la montagne :
« éloigne-toi »,
et elle s'éloignera.

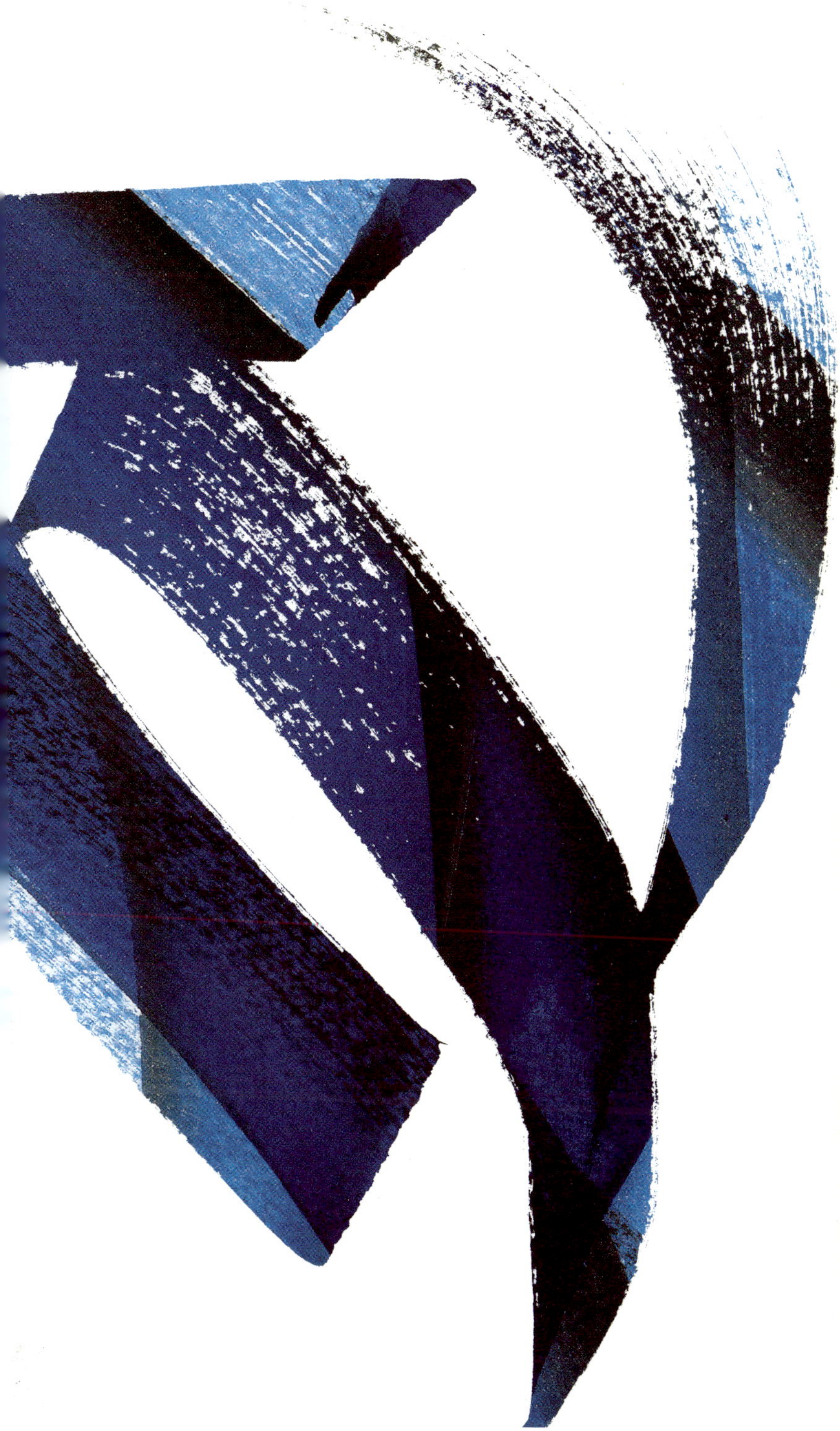

Logion 59.

Jésus disait :
Regardez vers Celui qui est Vivant
tant que vous vivez.
Morts vous chercherez à Le voir
sans parvenir à la vision.

ϲⲉⲓ
ⲉⲉⲩⲱⲟⲟ
ⲏⲧⲛ̄ⲛ̄ⲃⲓⲛⲉ
ⲥⲱⲕ ⲛ̄ⲧⲛ̄ⲩ
ⲁⲭⲉⲉⲓⲥⲏ
ⲉⲉⲧⲙ̄ⲛ̄ⲧⲉⲣⲟ
ⲛ̄ⲧⲡⲉⲉⲩⲱ
ⲁⲭⲟⲟⲥⲏⲧⲛ̄
ⲥⲉⲥⲛ̄ⲟⲩⲗⲗⲟ
ⲁⲉⲉⲓⲉⲛⲧⲃⲧ
ⲁⲣⲱⲟⲣⲡⲉⲣⲱ
ⲛ̄ⲁⲗⲗⲁ ⲧⲙ̄ⲛ̄
ⲣⲟⲥⲛ̄ⲡⲉⲧⲛ̄
ⲟⲩⲛ̄ⲁⲩⲱⲛ̄
ⲉⲧⲛ̄ⲃⲁⲗ

Logion 61.

Jésus disait :
Deux se reposeront sur un lit,
l'un mourra, l'autre vivra.
Salomé l'interrogea :
Qui es-tu, homme,
d'où viens-tu ? de qui es-tu né
pour monter sur mon lit
et manger à ma table ?
Jésus lui dit :
Je suis celui qui est issu
de Celui qui est l'Ouvert.
Il m'a été donné ce qui vient de mon Père.
Salomé répondit : Je suis ta disciple.
Jésus lui dit :
C'est pourquoi j'affirme
quand le disciple est ouvert,
il est rempli de lumière.
Quand il est partagé,
il est rempli de ténèbres.

שמו

Мне ещё оптимистичнее

Logion 72.

Un homme dit à Jésus :
Parle à mes frères
afin qu'ils partagent les biens
de mon Père avec moi.
Jésus lui répondit :
Qui a fait de moi un homme de partage ?
Et se tournant vers ses disciples,
il leur dit :
Qui suis-je pour partager ?

Logion 74.

Jésus disait :
Beaucoup
se tiennent
autour du puits,
mais il n'y a
personne pour
y descendre.

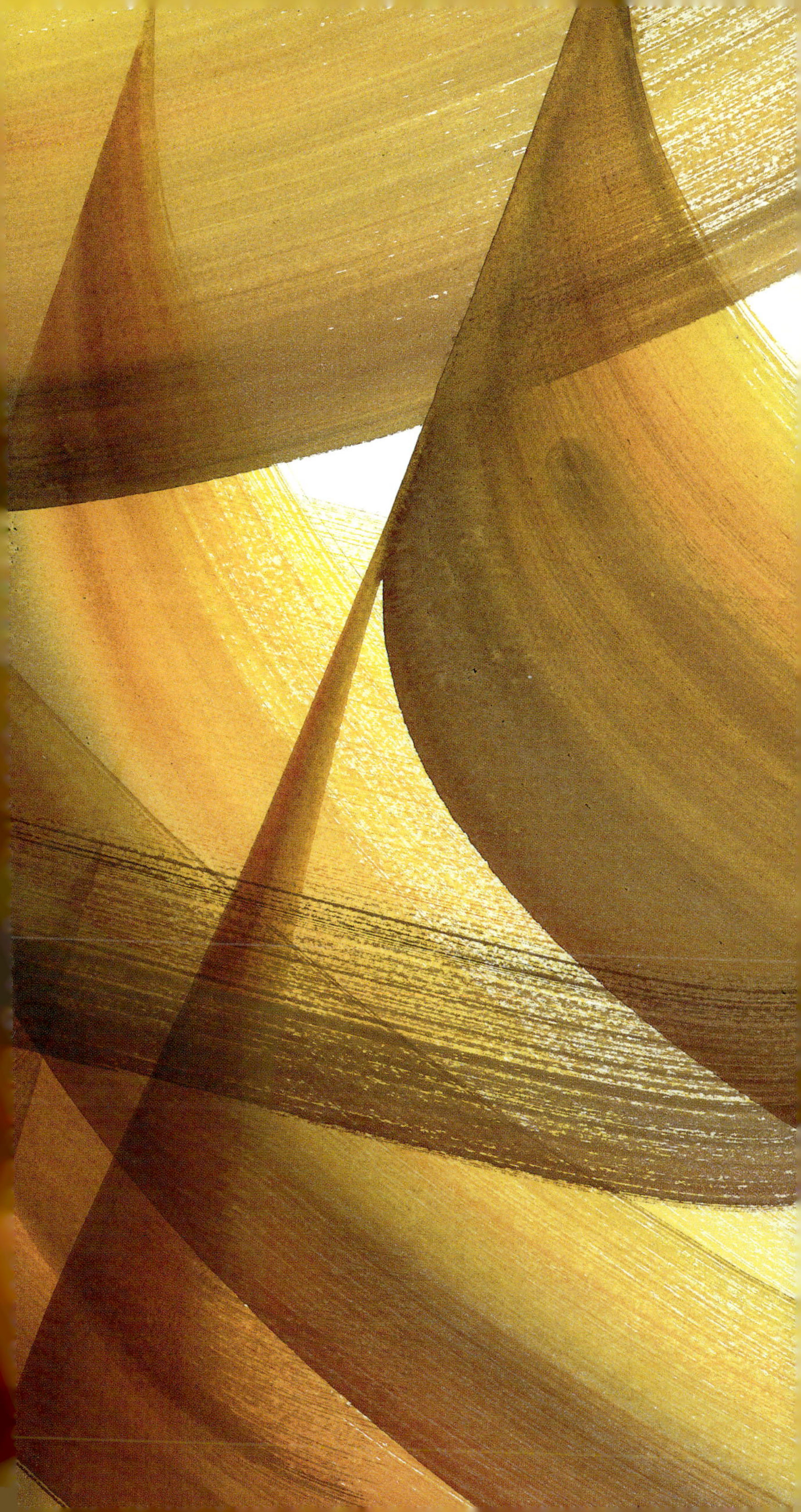

MONAXOC

Logion 75.

Jésus disait :
Beaucoup se tiennent devant la porte
mais ce sont les solitaires
et les simplifiés
qui entreront dans la chambre nuptiale.

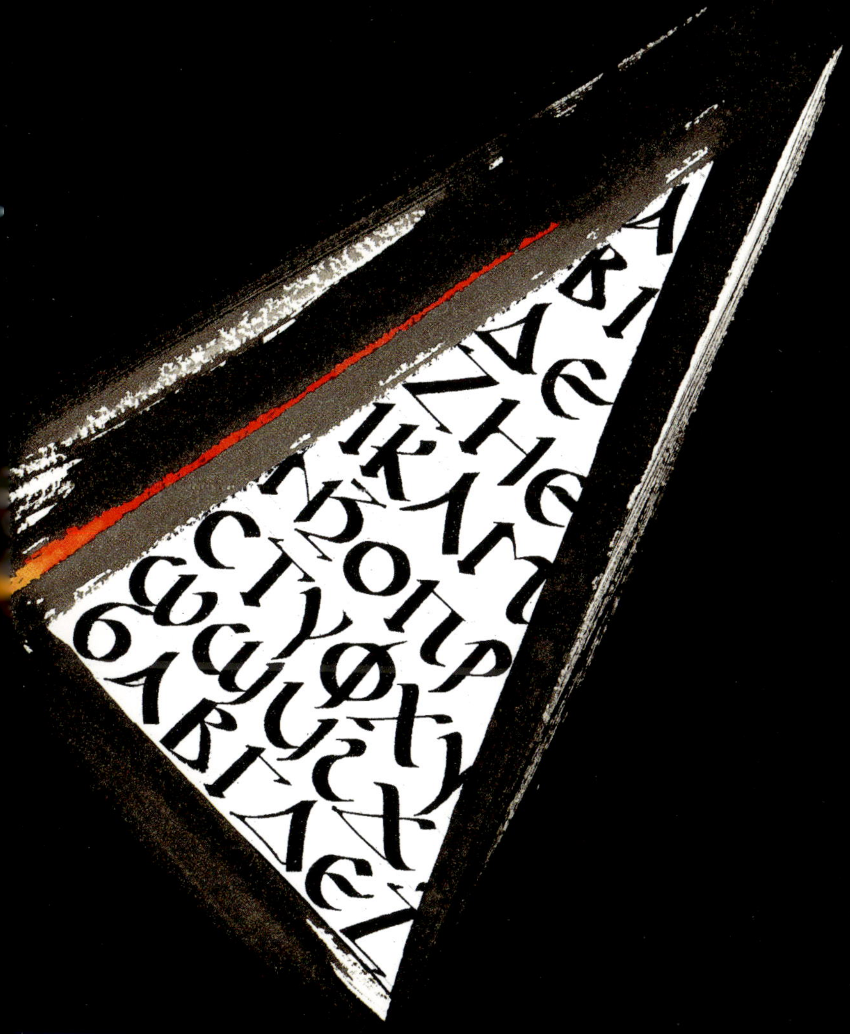

ΠΕΧΕΙ̅Σ̅ΧΕΑΝΟΚΠ
ΕΠΟΥΟΕΙΝΠΑΕΙΕΤ
ϨΙΧϢΟΥΤΗΡΟΥΑΝ
ΟΚΠΕΠΤΗΡϤΝ̅ΤΑΠ
ΤΗΡϤΕΙΕΒΟΛΝ̅ϨΗΤ
ΑΥϢΝ̅ΤΑΠΤΗΡϤΠϢ

Logion 77.

Jésus disait :
Je suis la Lumière
qui illumine tout homme.
Je suis le Tout.
Le Tout est sorti de moi
et le Tout est parvenu à moi.
Fendez du bois, je suis là.
Soulevez une pierre,
vous me trouverez là.

Logion 94.

Jésus disait :
Celui qui cherche
trouvera.
À celui qui frappe
de l'intérieur,
on ouvrira.

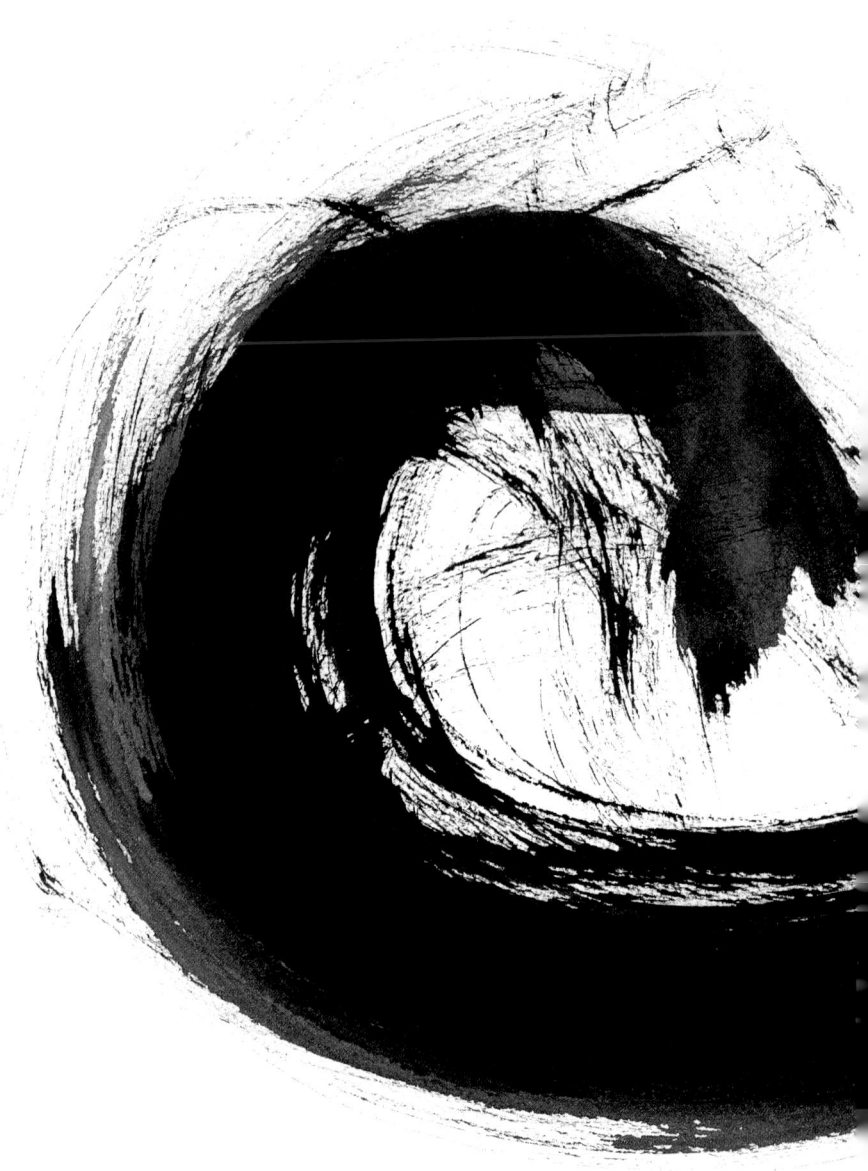

Logion 108.

Jésus disait :
Celui qui s'abreuvera à ma bouche deviendra
comme moi, et moi je serai lui,
et les choses cachées lui seront révélées.

пехотѣ

Logion 113.

Les disciples disaient à Jésus :
Le Royaume,
quand viendra-t-il ?
Jésus répondit :
Ce n'est pas en le guettant
qu'on le verra venir.
On ne dira pas : voici il est là,
ou il est ici.
Le Royaume du Père
est répandu sur toute la terre
et les hommes ne le voient pas.

Frank Lalou

Lorsque mon livre *La Calligraphie de l'Invisible* parut en 1994, beaucoup de mes amis juifs trouvèrent déplacé qu'un livre, dont la calligraphie hébraïque était le pivot, commençât par un chapitre nommé : *L'Évangile de Thomas, écrire sa vie.* Pourtant, dès mes dix-sept ans, lorsque mon professeur de philosophie me remit cet ouvrage, je sus intimement qu'il deviendrait mon livre de chevet. Et je donne à ce terme une valeur toute biblique. *Chevet* veut dire *tête*, et le premier mot de la Bible est *En tête, bereshit*. Il allait devenir le livre de mes commencements.

J'y puisais chaque jour une source de méditation, de sagesse et de stupéfaction. Nombreux étaient les *logia* qui m'apparaissaient incompréhensibles. Mais plus ils étaient obscurs, plus je les aimais. Le vide qu'ils créaient en moi après chaque lecture me plongeait dans une perplexité enivrante.

L'Évangile de Thomas pouvait toucher ma sensibilité hébraïque, parce qu'il était sans référence à la vie de Jésus, sans recours à la Vierge Marie, sans apologie de la souffrance. Jésus était ici un grand maître spirituel. Dans les cent quatorze enseignements du rabbin juif pharisien, je sentais planer tout l'esprit du Talmud et de cet autre maître juif qu'était Hillel, la face douce et ouverte de la pensée juive. Le *logion* 42, "Jésus disait : soyez passants", me renvoyait à ma propre judéité. D'ailleurs, si l'on revient à l'hébreu ou l'araméen que parlait Jésus, ce *logion* devrait se traduire ainsi : *soyez hébreux*. Car *hébreu* veut dire *celui qui passe*. Jésus, dans cet aphorisme, invite les Juifs, les Judéens à devenir des *Hébreux*. Être hébreu, c'est accepter toute la fragilité de la condition humaine ; c'est s'appuyer sur elle pour inventer une solidité ; c'est être à l'écoute de tous les signes placés sur son chemin de passant, à l'écoute de l'autre. Être hébreu, c'est n'avoir pas d'endroit où reposer la tête. Le destin de Jésus et celui des Hébreux étaient ici confondus.

En 1986, ma carrière de calligraphe à peine commencée, je décidai de franchir une étape en créant une grande œuvre. J'étais alors encore enseignant. Profitant des vacances d'été, je m'embarquai pour la Grèce. Là, sous les pins, à l'ombre des oliviers, dans de petits recoins de chambres d'hôtel, je calligraphiai

L'Évangile de Thomas. Cent quatorze sentences, cent quatorze planches calligraphiques. Un travail fou.

À la fin, j'étais tellement sous l'emprise des paroles de ce Yéchouah et de ce jeu avec les lettres que j'en oubliais tout. L'été terminé, je rentrai en France avec mon évangile sous le bras. Je demandai à un critique d'art qui encourageait mes débuts de me donner des adresses pour promouvoir et vendre mon livre. J'installai l'ouvrage dans un coffre en céramique, qui portait une sculpture faite par Dominique Cour. Il fallait être deux pour le soulever.

Puis ma vie bascula. Dans la même semaine, une lettre m'apprenait que le rectorat m'accordait une année sabbatique avec solde, et, par ailleurs, une femme me téléphona pour voir cet *Évangile de Thomas* que je venais de terminer. Le lendemain, chez elle, je lui montrai lentement mon livre. Elle fut séduite par cette œuvre. Elle ne fut pas surprise de son prix, énorme pour moi à l'époque, et me l'acheta aussitôt. Ensuite, elle me demanda d'interpréter une série de rêves qu'elle faisait depuis les trois dernières nuits, où elle voyait un signe parfaitement dessiné. Elle prit une feuille de papier et le traça. Tout d'un coup, je fus plongé dans la stupéfaction, car ce qu'elle venait de tracer était la figure géométrique que gravait le sculpteur Cour sous toutes ses œuvres, et qu'elle n'avait absolument pas pu déceler pendant mes manipulations du coffret. Le fantastique entrait brutalement par cette porte dans ma vie.

Créer aujourd'hui vingt-quatre nouvelles calligraphies pour illustrer des *logia* de *L'Évangile de Thomas* m'a permis de renouer avec cette expérience de jeunesse. J'ai de nouveau embarqué pour la Grèce, dans un coin perdu du Péloponnèse, face aux oliviers et aux îles du sud de l'Adriatique, avec mes plumes, mes encres, mon papier et mes manuels de copte, pour me replonger dans l'océan sans cesse renouvelé des paroles du maître juif.

Conçus comme des repères calligraphiques, la lettre Tau, les graphismes orientaux, l'alphabet copte et les labyrinthes ont guidé mes créations tout au long du présent *Carnet*.

Depuis plus de deux ans, sur presque toutes mes calligraphies, la lettre Tau rythme mes planches. Le début de cette idylle avec ce graphe vient sûrement du mot Toi, que j'ai tracé dans plusieurs de mes livres. À lui seul, le T résume toute la gestuelle calligraphique car il contient les deux formes essentielles de cet art : la courbe et la droite, la panse et la potence. Exprimant la rencontre de l'horizontalité et de la verticalité, le Tau est pour moi recherche de l'autre, humain ou invisible. L'intersection de la courbe et de la droite est nettement marquée ; les deux plages d'encre se superposant en cet endroit forment en effet un parallélépipède à la couleur plus saturée. La richesse naît au carrefour de ces deux forces. Pour les tracer, j'utilise des plumes surdimensionnées que je fabrique moi-même, entre cinq et vingt centimètres de section, multipliant ainsi par plusieurs centaines la taille habituelle d'un graphe. Ce travail obsessionnel sur le T est aussi né de ma rencontre avec le papier Lana, nouveau à l'époque pour moi, car grâce à sa texture, le croisement des deux traits était rendu d'une manière plus dramatique. Dans le christianisme, le T est le symbole de la croix de Jésus. Je ne m'intéresse que de très loin à la symbolique des lettres. Une lettre m'émeut non pas à cause de son symbole mais de sa forme, de son harmonie, de ses proportions. Ma vision des lettres est plus érotique que métaphysique.

L'ensemble des calligraphies de ce livre est bi-thématique : déclinaisons occidentales avec le Tau comme principale figure et déclinaisons orientales avec des gestes abstraits réalisés avec mes pinceaux de Nara que j'ai rapportés de mon voyage au Japon. Pourquoi la présence d'une gestuelle japonaise dans ce *Carnet* ? La première fois que j'ai calligraphié *L'Évangile de Thomas*, je pratiquais déjà le zen. Il m'apparut que nombre de *logia* se présentaient comme de véritables kôans, de véritables phrases paradoxales, qui nous plongent dans des abysses d'interprétations.

Pour percevoir leur sens et accéder à un autre type d'appréhension du réel, le disciple est contraint d'abandonner l'outil rationnel et discursif habituel.

Parlant le grec et ayant écrit une méthode de calligraphie grecque, il ne me fut pas difficile d'aborder le copte, qui utilise un alphabet comportant les vingt-quatre lettres hellènes et sept autres issues de l'égyptien démotique. Le mot copte est un terme arabe, lui-même dérivé du grec *Aigyptos*, qui servait à nommer les habitants de l'Égypte. Issus des hiéroglyphes, le hiératique et le démotique correspondent aux ultimes stades du développement de l'antique écriture égyptienne. Écriture usuelle des scribes, le hiératique servait à rédiger des actes administratifs mais aussi des textes scientifiques, littéraires et religieux. À partir du VIIe siècle avant notre ère, il n'était plus employé que pour la transcription de textes sacrés, et le démotique le remplaça pour les documents de la vie quotidienne. Ce n'est qu'au cours du IIIe siècle que les Égyptiens empruntèrent les vingt-quatre caractères de l'alphabet grec complétés par sept lettres du démotique pour constituer leur propre langue : le copte.

L'alphabet qui sert de base à *L'Évangile de Thomas*, lui, ne comporte que six lettres de plus que le grec. Les formes des lettres grecques sont très proches des onciales utilisées dans les livres des IVe et Ve siècles.

ⲱ	ⳓ	ⳁ	ⳉ	ⳋ	ϯ
shaï	fâi	hori	janja	guima	ti

les six lettres supplémentaires du copte dans L'Évangile de Thomas

Dès mes débuts, les labyrinthes ont envahi mes œuvres. J'en ai fait des bijoux, des marqueteries, des plans de jardins. Enchâsser les lettres les unes dans les autres

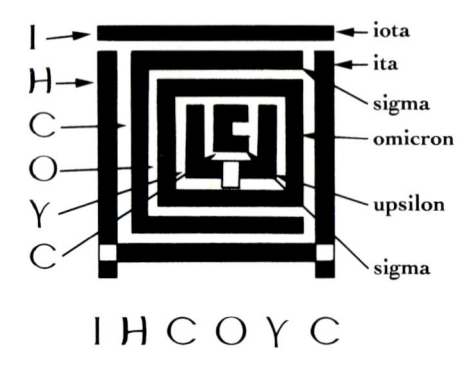

I → iota
H → ita
C → sigma
O → omicron
Y → upsilon
C → sigma

I H C O Y C

m'a toujours passionné. Les Chinois, les Arabes, les Juifs, mais aussi les calligraphes latins ont de tout temps été attirés par cette forme que l'on trouve très peu dans la calligraphie contemporaine. Le labyrinthe permet de rendre illisible un mot, ce qui lui donne une valeur secrète, cachée. On croit voir une forme

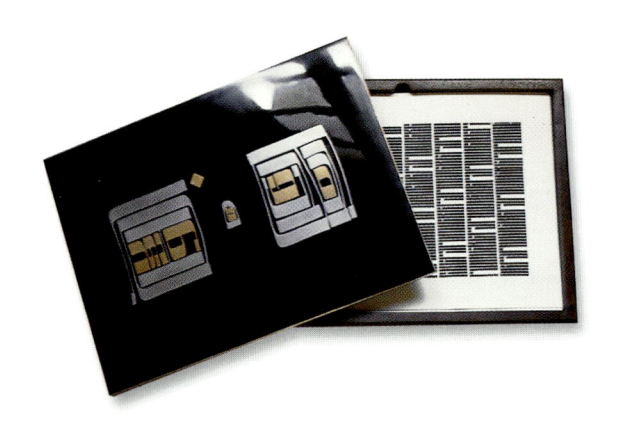

© Dvorak Zéhev

abstraite alors que du sens se dissimule dans les traits. Dans ce livre, j'ai "labyrinthisé" les noms de Jésus et de Thomas pour mieux exprimer le caractère initiatique et apocryphe de cet évangile.

Frank Lalou

DANS LA MÊME COLLECTION :

Poésie chinoise de François Cheng,
calligraphies de Fabienne Verdier.

Les Quatrains de Rûmî,
calligraphies de Hassan Massoudy.

Le Manuel d'Épictète,
calligraphies de Claude Mediavilla.

Le Cantique des cantiques,
calligraphies de Frank Lalou.

Poèmes zen de Maître Dôgen,
calligraphies de Hachiro Kanno.

Le Cantique des créatures
de François d'Assise,
calligraphies de Frank Missant.

Poèmes tibétains de Shabkar,
traduits par Matthieu Ricard,
calligraphies de Jigmé Douche.

L'Harmonie parfaite d'Ibn 'Arabî,
calligraphies de Hassan Massoudy.

Le Dieu des hirondelles de Victor Hugo,
poèmes présentés par Robert Sabatier,
calligraphies de Claude Mediavilla.

Collection dirigée
par Jean Mouttapa et Valérie Menanteau
Photographies de Sylvie Durand
Maquette de Céline Julien

© 2002, Albin Michel 22, rue Huyghens, 75014 Paris
Site internet : www.albin-michel.fr
Dépôt légal : mars 2002
N° d'édition : 12499   ISBN 2-226-12911-1
Imprimé en France par Pollina S.A. 85400 Luçon - L 85765

Les Carnets du calligraphe sont imprimés sur papier Périgord contraste,
la jaquette sur Vergé. Les textes sont composés en Schneidler.